아담과 이브

아담과 이브

최영일 시집

인간과문학사

● 시인의 말 ●

아직 미지의 영역을 하늘이라 한다면,

하늘은 내 안에 있고 내 주위에 있는 것 같습니다.

미지의 영역과 지의 영역은 함께 존재하여 한가지로

하늘이라 해야겠습니다.

만물이 곧 하늘이고 사람 역시 하늘로 보입니다.

萬物乃天人亦天! 나에 대해 묻고 생각합니다.

모두에게 감사합니다.

최영일 識

차례

시인의 말 - 5

제1부 에덴 동산

마즈막재 야경 - 10
일을 하는 한 - 12
집 - 15
문턱 넘어 타임머신 - 16
통일의 붉은 샘 - 19
단풍을 기다리며 - 22
하나 3 - 24
아담과 이브 1 - 25
사랑 to - 26
어머니와 흙 - 28
날으는 물고기 - 30
사피엔스 백일몽 - 31
비내섬 - 32
李선생님의 천기누설 - 34

흑막 안경 - 37
지금 현재 - 38
나 2 - 39
바다의 패륜 - 40
식사 1 - 42
좁은 길 - 43
사람 베기 - 44
벽창호 - 46
2020 겨울 풍경 - 47
천명 - 48
그네의 법칙 - 49
美植 民之禍 - 50

제2부 아담

풀리지 않는 수수께끼 - 54
술벌레 - 57
산 그리움 - 60
대머리 소년 - 62
꿈의 하루 - 65
하나 1 - 66
지금 삶 1 - 67
아담과 이브 3 - 68
청정 수달 친구 달래에게 2 - 71
즉흥시 - 72
나의 시 - 74
님 2 - 75
하얀 단풍 - 76
석양 - 78

신에 대한 명상 - 79
눈이 꾸짖다 - 80
사랑의 분단선 - 82
장미를 보내며 - 83
욕망의 책임비서 - 85
다르리라 - 86
가뭄 산행 - 87
찾는 일 - 88
가을의 초상 - 89
사죄 - 90

제3부 이브

마엄 - 94
회궁回宮 - 95
섬마을 소년에게 - 97
가을 3 - 100
하나 2 - 101
아담과 이브 2 - 102
청정 수달 친구 달래에게 1 - 104
님 - 105
쓰레기 무덤 - 106
하얀 단풍 2 - 108
하느님 때리기 - 110
나비와 나 - 112
나무의 마음 - 114

훈련 - 116
덜 진화된 벌레 - 118
장미의 가을 - 119
고이고이 - 120
물 - 121
나 3 - 122
식사 2 - 124
나홀로 보석방 - 125
그림을 시작하며 - 126
대기 성분의 발견 - 128
늦가을 - 131

최영일 시인의 시 세계
젊고 낯설고 새로운 문제적 화두 _ 유한근 (문학평론가 · 전 SCAU 교수) - 132

제1부

에덴동산

마즈막재 야경

코흘리며 보았던 수많은 별들
언덕 아래 저기 아래
다 떨어져 있네

그때엔 크고 작던 하얀색 별들
지금 저 달내 한강 벌판에 박힌 건
주황 초록 빨강 흰색 별의 별 별

먼 하늘 떨어지며
무슨 일이 있었나
그래도 속살은
사십 년 전처럼 하얬으면 좋겠네

무더기로 쌓인 별들은
별들의 무덤인가
줄지어 빠르게 굴러가는 별들은
땅 위의 유성우인가

깜빡이듯 반짝이며
말 걸어 오는 건
그때나 지금이나 변함이 없네

어둠에 잠겨 커다란 호수 같은
검푸른 안림벌을
나는 듯 헤엄쳐 건너가면
그때 노옾이 높이 까마득해서
어른 되면 긴 사다리 지어
따리라 했던
저 많은 별들을 잡을 수 있겠지

견우와 직녀도 만나고
선녀와 함께 춤도 출 수 있겠지

일을 하는 한

다시 티벳 라싸를 다녀오면
드넓은 나무추오 호수 될 수 있을까

60시간 동안 낡은 기름 냄새
침대버스를 타고
고산병 멀미 두통에 눈물콧물 다 흘렸던,
잘 대해주지 못한 일들 절로 참회되던
서안에서 라싸까지의 옛길

한여름 장안에서 반팔 반바지
함박눈 펄펄 한겨울이다가
유채꽃밭을 만났던 그 먼 길을
되짚어 가면

말하지 않을 수 있을까
그곳 언덕 흰 산양들 아름다운 평화처럼

아니 아니 또 화내겠지
침묵하지 않겠지

조캉사원에 눌러 앉아 경을 읽고
오체투지 구도를 하지 않는 한

억울한 욕도 듣겠지
포탈라궁 화려한 부처처럼
가부좌를 틀고 들어앉았지 않는 한

언덕 아래에서 살아가는 한
일을 하는 한

집

어릴 때 많이도 다닌 이사,
북서향 집에서 생겼던 햇살 그리움

바닷가 회색 콘크리트 원통에서
잤던
무전의 여행 짙푸른 제주
술 마셔 무너진 정신에 베개삼았던
몇몇의 아스팔트 거리들

허리 뻐근하게도
자주 거주지가 되는 자동차

모두 다 며칠 밤도 감당할 집들.

허나, 시름 다 잊도록 맘 편히
눕는 집
나는 늘
그 햇살의 집을
찾고 있다

문턱 넘어 타임머신

그곳 문을 열면 또 다른 세계
피안의 세상과 통하는
타임머신을 타는 곳

그 며칠 장염으로 고생할 때
아무 것도 먹지 못해 맞이를 못해
보내고 또 보내야 했던 그때
물만 남았어야 할 몸에서
평소 처럼 안아플 때처럼
계속 생겨 나오던 신기

저 문턱을 넘어 앉으면
누구의 몸과 연결이라도 되는가
우주 저쪽의 어느 생명과
시간 저쪽 나의 뿌리 줄기 어디와

저 문턱을 넘어 생각에 잠기면
거북하게 가득찬 삶의 무게가
전생애의 시름 덜은 시원함으로

땅속 심연이다가 솟아 날으는 하늘로

선조들을 만나러 육감을 닫는
잠이라는 문보다 더 좋아라
다시 돌아오지 못할 염려 없는
저 문턱 넘어 타임머신이 좋아라

저 문은 나를 태우고 여행하는
시공이동의 문
저 문은 급히 들었다가
오래 머물러도 좋은 문

통일의 붉은 샘

지금은 잘려 버려 뿌리만 남은
너럭바위 위에서 전선 돌파 전략을 짜고
저녁에는 승전축하 파티를 열었으리라

여배우와 동침하기 전에는
걸인의 온천에서 왕의 온천이 된 천년의 이력
땅 깊이서 솟아난 더운 물로
피로를 풀었으리라

전선사령부는 낙동강을 뚫지 못해
축배의 잔을 드는 한별의 속마음
저으기 편치 못하였으리라

여인과의 쾌락도 잠시
역사의 죄인될
불길한 새벽꿈도 꾸었으리라

봉기가 아닌 피의 전쟁
시작된 손끝 발끝까지 묻은 피

온천 물에 붉게 배어 들어
땅 속 깊이까지 붉어졌으리라

와이키키 이전에
헌병대 주둔군의 일제가 있었고
인민군 전선사령부가 한별을 맞았더니
이젠 와이키키마저 전설로 남아 버렸네

우리 마음의 전선은 수안보 전선
한별의 남진 최전선 용의 온천은
우리 아픈 마음의 낙동강 전선

우리는 모두 분단으로 병을 앓는 환자들
대륙 골골의 환자들 찾아들어
별별 병을 다스리던 그 물로
우리의 분단병을 씻어나 볼거나

울화병 온국민 모두 수안보를 찾아 온 날
용천수에 몸담그고 상생해원 기원할 제
땅 속까지 붉게 물든 피의 기운 사라지고
그 겨울 승천못한 용도 승천하리라
오십삼도 후끈한 물이 우리 용광로 가슴되어
대륙의 장벽 모두 녹이고 런던까지 달려가리라

단풍을 기다리며

하늘에서 떨어지는 빗방울을
누가 멈출 수 있을까
who can stop the rain
from falling down
Begees 노래 가사처럼

the process of natural history
자연사적 과정
역사의 수레바퀴는 자연의 수레바퀴

비 폭포처럼 내리다가
푸른 얼굴 드러내고
또 소낙비 쏟아 내기 며칠인가
하루에도 몇 번인가
낯선 날씨 정신 나간 늦여름의 변덕
콘크리트 둑을 가볍게 넘보는
미친 듯 닥쳐오던 붉은 노도

어떤 이는 하느님께 빌고
다른 이는 하나님께 빌고
어떤 이는 비신님께 빌고
다른 이는 빈대떡 주님에 비네

바다 밑 땅속에서
끓고 있는 마그마를 누가
멈출 수 있을까
화산이 폭발하고 과음해 괴로운 듯
토해내는 시뻘건 용암 분출을
누가 막을 수 있을까

the process of natural history
불타는 꽃단풍을 기다리며
바람에 나를 맡긴다

하나 3

이 세상에서 나누고 비우면
이 세상이 천국
마음이 맑고 행복하여라

여기서 진실하고 거짓 없으면
여기가 낙원
부끄럼 없이 행복하여라

부 권력 명예
세상 성공 탐욕을 버린다면
갈라진 세상에서 하나가 된다

아담과 이브 1

이브, 낙원은 어디리오
욕심이 떠난 곳
하나됨을 그리는 곳
나눔을 갈망하는 곳
거기가 어디든 낙원이려오

아담, 천국은 누가 만드리오
비우고 탐하지 않는 이
하나됨을 열망하는 이
주는 사랑을 하는 이
그이가 계신 곳 천국이려오

사랑 to

간격 없는 하나에서
머나먼 타인
아니 저주의 욕설까지
우리 호흡의 여정은
길고 길었어

순간의 벽을 뚫지 못 해
아닌 걸 알면서도
고통의 시간을 자초하기 일쑤
싫지만 그리 되는
이건 태초의 회로 같기도

처음의 설렘과
하나됨의 환희
美에의 의지로
다른 세계의 손길로
이 반복되는 추락의 고통 떨치고

태초의 말씀으로
빛으로 가자

어머니와 흙

흙길을 맨발로 뛰다 걷다
털퍽 주저앉았다
사방으로 팔다리 쭉 펴고
힘을 다 빼고 온몸을 눕혔다

몸 뒤집어 두 팔 벌려 껴안고
다시 누워 온 땅의 온기를 느끼며 허리가 아플 만큼
오-래 누우면
내 귀에는 가만가만 다독이는 소리

아스팔트 콘크리트도 아닌
비 오면 진창이라 더 좋은 흙의 숨소리
어머니 순결한 심장 소리
들린다

날으는 물고기

나무에서 물고기를 만나는 건
불가능한 꿈이련가
물고기가 하늘로 올랐다가
떨어지기도 하니
놀라지 않아야 할 일이로다

해바라기를 만나러 온
황금 비늘 물고기 꽃들판 위 헤엄쳐도
거기는 뜻하면 다 되는 세상
사랑으로 날은 것이니
의아해 할 일 아니로다.

사피엔스 백일몽

사피엔스를 읽으면서
흙무덤으로 가서 뼈를 찾았고
다시 살아난 엄마를 만났다

내가 아들이라고 얘기했고
유전자로 연결되어서인지 우리는
오십대 아들과 십대 엄마로
못다한 회포를 풀며 즐겁게 지냈다

잠도 안들고 눈도 안감고
대낮에 이런 꿈을 꾸는데
꿈 같지가 않다 드드드

비내섬

비록 내 머리카락은 일찍이 쉬었지만
비내섬의 억새와 갈대의 흰 물결을 보니
가슴이 설레네

그 오랜 세월 동안 이곳엔
아름다운 갈대와 억새의 평화가 있었지만
또한 끝나지 않은 전쟁의 상처가 여전하네

사랑이 여물던 비내섬
연인들이 함께하던 이 비내섬
그래서 영원히 평화가 깃들 것 같던
이 아름다운 비내섬에

저기 저기 멀리서,
저어기 멀리서
전쟁의 기운이 다가오고
있는 것 같애

바람아, 바람아!
저기 다가오고 있는 어두운 기운
검은 기운
전쟁의 기운을 막아다오

그렇게, 이 아름다운 비내섬에서
일찍이 흰머리를 얻은 나는
평화를, 그리고 사랑을
비네.

李선생님의 천기누설

중경이 될 것이라
가운데 중 中京
나라의 중심일 뿐 아니라
세계의 中心

동쪽에 東京이 있고
북쪽에 北京이 있잖은가
남쪽엔 南京이 있고
여기는 중심에 있어 中京
예전엔 中原京이었던 적 있었지?

옛적 水運의 중심으로
번창한 적 있었지?
지금은 오래 정체되어 있어
그래서 다시 번창할 거야
세계의 중심 中京으로
주역에 그렇게 나와 있어

내가 그사람 無所終也라 했지?
임기를 못채운다고
내말이 맞았잖아 주역에 나와 있어
내 말을 믿어 응 두고 봐

흑막 안경

뜨겁고 눈부신 볕에 구름도 다 숨어버린 푸르른 날에 투명 안경을 벗고 흑막 안경을 쓰니 강 위 높은 곳 출렁다리도 흐릿하여 무섭지 않고 사람들 시선도 신경 쓸 필요 없이 걸려 넘어지지 않을 정도의 시야도 좋다 구름 없이 창공이 뚫린 날 그런 눈부신 날에는 흑막 안경을 쓰리라.

지금 현재

비 뿌리는 흑구름 지나
빛나는 흰 눈구름까지
아침에서 출발해
한밤중을 지나
저녁에서 오후로
드디어 아침으로
미래에서 과거로
과거에서 미래로
바람을 타고
바람에 흔들리며
구름을 타고
구름에 흔들리며
땅에서 공중으로
하늘에서 육지로
현재 지금 지금 현재

나 2

나를 보내고 나를 맞는다

문자로 게시글로 사진으로 전화로
정액으로 똥으로 오줌으로
법정에서 변론으로
시시때때 상담으로
운전으로 글쓰기로 나를 보낸다

나를 맞는다
닭살로 사과로 참외로
김치로 시금치로 순두부로
전화로 만남으로 글로 동영상으로
법원의 판결로 검사의 구형으로

밤마다 나를 보내고
아침마다 나를 맞는다

바다의 패륜

나는 육지로 올라온 바다

대양은 나를 낳고 길러준 이
때로 채찍질 파도로 시련을 주지만
가슴 넓고 든든한 생명의 밭

내가 어머니 깊은 뱃속에
죽음을 넣어 주고 있으니

내가 내 목을 조르고 있으니

식사 1

작은 우주는 오늘도

땅과 바다와 해와 달

바람과 비 구름과 눈이

한껏 모아진 기운과
흔들리며 흐르는
마음들과 만나

깊고 유익한 대화를
나누었다.

좁은 길

새들도 먹이는데
너희를 굶길소냐
무엇을 먹을까 입을까
걱정 말라는 하느님에는 귀 멀어

떡 사주고 술 사주면 굽신하고
보이지 않는 큰 사랑은
알지 못 하네

하루이틀 먹인 사람 칭송하고
영원토록 살릴 사람은 못 알아 봐

고향에서 배척 받는 성인들이여
세속의 밀림에 난
진리의 좁은 길이여

사람 베기

사람과 나무의 기본 구조는
같아서
몸통에서 굵은 뿌리를 땅에 내린 후
가는 잔뿌리를 내지
하늘로 굵은 가지를 뻗고
잔가지 사방으로 향하지

몸통에서 땅쪽으로 굵은 다리를 내고
다리 끝에 발가락 잔가지를 달고
사방 땅으로 돌아치고
하늘을 향해서는 굵은 팔뚝이 나와
팔뚝 끝에 손가락 잔가지는
사방 하늘을 휘저어

사람은 많이 움직이는 나무
나무는 한 곳에 선 사람
나무는 사람에게 열매와 그늘을 주고
사람은 나무에게 탄소를 주지

지금 아마존 불태우고
Keeling의 탄소 포화 공급 중
나무를 베는 건 사람을 베는 거
밀림을 태우는 건
셀프 홀러코스트

벽창호

당신하고 얘기하느니
차라리 로봇하고 얘기하는 게 낫겠어
사람보다
로봇하고 하는 게 더 좋지 않아
그걸 왜 사람한테 물어보나
인공지능에게 물어봐
어디 가니
게임 로봇 만나러 간다
그게 뭐니
로봇은 그렇게 안하잖아
어떻게 로봇만도 못하니
아니 틀렸어
인공지능적 알고리즘적 사고라 함은

이 말들이 뛰어
다가오고 있다는데
다가닥 다가닥 뛰는 소리기
안들려

2020 겨울 풍경

봉건 조선 세종은 끌려나와
재미 보는 개발 착취 깃발이 되고

옛적 대설 절기엔
눈 대신 개나리가 슬프다.

천명

나는 나무, 바람에 단련되며
물을 빨아들이고
태양을 향해 여행한다
자르는 건 내 소관이 아니다
자라는 것만이 나의 일

그네의 법칙

엊그제 가뭄의 목마름만큼
오늘 장맛비는 해갈을 넘어 쏟아지니
그네 앞으로 구른 만큼
그네 뒤로도 오르는 법칙이런가

물보라를 일으키며
희뿌연 수증기 안개로
아침부터 저녁까지 바람과 손잡고
비보라 보라 비바람 바람 파도치니

흙은 흠뻑 젖어들며 화답하고
초록 잎새들은 미끈 반들거리며
차례로 몸 흔들어 화답한다

비를 가르고 맞서며
비와 함께
비를 보고 바람을 보며
바람을 듣고 비를 들으며
비를 피하고 비에 젖으며
온종일 비를 느끼며

美植 民之禍

한자도 사용하고
숫자도 사용하고
외래어도 사용했던 옛시인들
한시를 영어를
한글시와 섞지는 않았던 바

요즘 주류된 기획사
아이돌 노래 가사는
영어와 한글 가사의 혼합 잡종
영문 가사 없으면 안되는 시대

공기업도 민족고대도
과자 이름 상품 이름도
영어 이름만 남아 있는 시대
주류를 따라 불러나 볼까

작년엔 everyday holiday
올해는 almost horror day
지난 십년간은 우리 인생의 봄날이었어

once upon a time in america
영화 대사를 붙들어 기억하며
인생의 봄날을 아직도 기다리네

주어진 살이의 셈으로는 autumn
삶의 질로는 아래로 fall
먹고사는 문제는 수시로 winter
점점 더 사라지는 꿈의 winner

어때, 이런 잡종의 시는
영문과 한글 혼용의 시는

영어 전용수업 시대를 추구
全世胞의 豚世 飽和를 추구
정신적 美植 民之禍를 완성
놀라운 사람들의 놀라운 업적

제2부

아담

풀리지 않는 수수께끼

궁금했던 님
새벽 꿈에서 보았소
찾아올까 두렵던 님
꿈속에선 다정히

함께 나란히 앉아
뭐하고 살까 걱정했소
생계를 고민하며
뭘 할지 막막해하다
답을 못 찾고 깨어

오늘 할 일이 있음을
감사하고
꿈속 웃던 얼굴을
그리워하며

멀어진 님에게
무슨 일이 있는가
온종일 복잡한 머릿속

꿈해몽 엔터에도
검색박사도 답이 없소

꿈은 내몸 속
나와 같이 살고 있는
선조들의
수수께끼같은 알림
그 신호를 풀지 못하는 나는
여기저기 그대의 흔적을
찾고 있소

빼놓았던 반지를
다시 끼고서
잘
계시지요
잘
계셔야 해요
되뇌이면서

술벌레

풀벌레는 찌르찌르 우는데
입은 있지만 말은 못하고
저어 그 어물어물
눈을 꿈뻑꿈뻑

눈앞에서 코베어 가도
몰라서 피식피식 하다가
잘못을 지적하면 말이 많다
못나도 잘났다
못나면 못난 대로 산다
잘난 이 없어도 산다
잘난 이 갈테면 가라
아니 가버려라

앞에서 사달이 벌어져도
일단 지켜본다
침묵하며 꿈뻑꿈뻑
대세를 따른다

풀벌레는 찌르찌르 우는데
입은 있어도 말은 못하고
아 그러니까 그
어물어물
손은 있어도 쓰질 못한다
손가락만 꼼지락꼼지락

이기고 와라
우리는 이기는 편이다
우리가 움직이면 대세다
대세가 기울면 우리는 움직인다
우리는 우리는
침묵하며 꿈뻑꿈뻑
풀벌레는 찌르찌르 우는데

우리는 술벌레 벌레 벌레 술
밤새우는 술벌레

누가 더 술 세나
부어라 마셔라 끊길 때까지 마시자
뒷담화 술상공론
안주는 무궁무진
우리는 술벌레다 벌레 벌레 술

산 그리움

백일기도를 다닐 생각이 드니
말복 전이라도 가을 기운이라
나의 없는 듯한 살음도
여름 지나 가을인 듯

작은 절에서 나긴 했으되
부처를 찾으려는 건 아니어라
봉우리에 송전탑 섰어도
여전히 골깊은 그 산의 주인
산신령을 만나려면 백일은 소요되리

햇수 알 수 없는 산묘
어디 정상에만 있으랴
산성 기슭 암벽 아래 달래강
피와 살이 스며든
거대한 천년 무덤 생명의 터

산신령을 만나려 헤메다가
기도하다가
임도령 찾아 온 용왕 딸을 만나면
이 몸이 임도령이라
우겨 봄이 어떠하리

대머리 소년

사무실 앞 플라타너스 나무에
1번이라 이름표를 붙이고
존재를 기억해 주는 그 시인 마음이
소년같아서 대머리 시인이라 부른다

늘 다녀도 가로수는 그저 나무일 뿐
생명체로 누가 대화해 주는가

담쟁이 씨를 해마다 담 북쪽에 뿌려
매양 담을 넘지 못하고 시들어 버림을
무심한 사람들의 무심한 거리
가녀린 생명체의 운명을 안타까워 하며
담쟁이를 위한 노래를 만드는 그를
시인같아서 대머리 소년이라 부른다

공장에서 찍어 내듯 장인 정신 대신 밥벌이 정신
일렬로 세워 놓고 가지는 뭉툭뭉툭 잘라버린
이 도시의 흉물 가로수 가로

헉헉 뜨거운 인도를 걸으며 돌아다본다

한꺼번에 피어나는 팽고리산 개나리
주공 2단지 뒷길 담벼락 철쭉
목수마을 앞 옛 활주로길 장미
체육관 언덕 계명대로 단풍도
그 온몸 온생 다 바친 꽃의 향연에

나는 개나리 나무 하나 철쭉 꽃 한 송이
장미 가시 한 개 단풍 나무 한 잎 한 잎
생명으로 존재로 불러주었는가
같이 살아 가는 친구로 대했는가

간판 가린 사무실 앞 가로수를 죽이는 상혼
스쳐가는 생각이 아니라 실행하는 잔인
그 정신이면 사람인들 서서히 못죽이랴
서로가 서로를 천천히 죽이는 도시

사무실 앞 가로수를 처음으로 본다
큰 가지 둘에 수많은 부챗살 잔가지
연초록 은행잎이 무성하다
나무야 가로수야 은행나무야
너는 이제 영번이다 0번 나무다

꿈의 하루

미묘한 감정,
스쳐가는 혼잣생각조차 생생했어도
깨자마자 잊혀지는 꿈을
닮았다, 삶이.

하루 속에 사계절이 들어 있듯이
하루의 삶에는 일생이 들어 있다.

잠에서 깨어날지
잠들 때마다 맡긴다.

깨어나서의 일들 중에도
내 뜻에 의한 건 한 줌뿐.
사실은 깨어날 때마다 맡기는 것이다.

하나 1

여기와 저기가, 그 안에서도
형제와 적으로 갈라져 있다

적은 서로 비우고 나눌 수 없는 존재들
세상은 사자의 약육강식을 보여 주며
우리는 원래 하나가 될 수 없고
잡아먹지 않으면 잡아먹힌다고 가르친다
그러다 서로 살육하도록 명령한다

세상에 속지 않으려면 자연을
오래 자세히 살펴야 한다
들판에서 만물을 사랑하며
신의 뜻을 생각하며 행복하게 살았던
자유의 옛 인디언들처럼

지금 삶 1

그림으로 둘러싸인 이토록 푹신한 소파에 앉아서도
저 땅 밑에서 끌림 당하는 듯 축 널부러져 있다.
창 밖으론 싱싱한 초여름의 잎들
평화로운 풍경 속의 욱신하고 진한 통증.

블라인드 위로 걸려진 한 화가의
숲을 소재로 한 그림들을 본다.
초록은 좀처럼 없고
보라 갈색 주홍 연두 검정 빨강들만.

극도로 아늑한 그림 같은 시공에
길 잃은 통증과 함께 푹 퍼져 있는 나.
숲이라고 그렸는데
절정의 색이 사라져 버린 그림들.

아담과 이브 3

사진과 동영상 그리고 연락처
육성 통화와 대화부터
문자와 대화방 게시글과 '좋아요'까지 접근 허용된
휴대전화와 컴퓨터 단말기는 신경망이다.

모든 통계와 가능성 예측
자기 학습하는 기계두뇌는 한다.
그림도 그리고 작곡도 하고
음성도 모습도 죽은 이를 살려낸다.

경우의 수를 넣고 물음을 던지면
즉시 답을 알려 주는
모든 게 담긴 액정 화면 속의 세계처럼

신은 아담과 이브의 후예와
온갖 동물과 식물
그리고 대지와 별들이라는 단말 신경망으로
보는 가능성을 시험하고 있다.

나눔과 비움의 주는 사랑에 미소 지으며
신경망을 통해 만물을 움직이면서

청정 수달 친구 달래에게 2

달래가 아이 때 목계 솔밭에서
기다렸던 건 무얼까
달래 남매들을 사랑했던 아빠였을까
이 세상 잠시 스쳐간 오빠였을까
전생의 연인이었을까
살아가는 이유였을까
사랑, 빛이었을까
아니면, 방금 만난 탄금이었을까

달래, 너는 오늘도 기다리지?

즉흥시

하늘 아래 새로운 것은 없다
누군가 그렇게 말 했다네
아이 때 호기심 가득 산들로
모든 게 새로왔던 나도
할아버지 할머니 엄마
그리고 또 누군가들의 상여를 보고
세상은 태어나서 살다 죽는 것이고
별 다를 것이 없다 말했다네

이제 보니 세상엔 똑같은 것이라곤
없는 것 같네
비슷한 것 같고 반복되는 것 같지만
어제 해와 오늘 해가 다르고
하루 전의 나와 오늘의 나가 다르고
저 나무의 잎새 순간 순간이 다르다네

그래서 나는 노래하고 싶네
지금 이 순간을
지금의 상황과 느낌을

교과서에서 배운 시를 외우기보다
동서양의 유명 시인의 명시를
틀리지 않고 낭독하기보다
과거의 틀에 매이지 않고
나오는 대로 흐르는 대로
이 자리에서 생겨났다 사라지는
파동으로 읊조리고 싶네

나의 시

내가 읽기 위해
아니 나조차 기억하지 않기 위해
켜켜이 쌓인 비명과 땀방울 위에
단어와 개념의 작란作亂 유희

문명 기술 발전의 이름으로
파헤쳐져 끌려 나온 주검의 풍요를 누리며
모두에게 모든 것에
미안하다.

님 2

날마다 너를 만난다
수많은 얼굴의 너를

나에게 미소를 짓는 너
나에게 찌푸리는 너

충실한 네게는 뿌듯해
소홀한 너에겐 미안해

이 순간 바라보는 너는
내 눈이 담지 못한 너와 하나다

네게 닿으러 가는 길
내 수많은 얼굴을 만나는 길

하얀 단풍

벼에 단풍 들었네, 벼단풍
우리를 살게 할 알곡 소식이네

나무에 단풍 들었네, 잎꽃
열매들 여물었음을 알려주네

내게도 단풍 들었네, 하얗게
딸 아들 또래 다 컸다 깨우쳐주네

벼단풍 잎꽃으로 내게 오는 동안
하얀 물들며 네게로 가네

석양

훌륭한 사람 되라는 말씀
어른들이 가르치는 순한 양으로 살았는데
날도 저물고 생도 저물어서 대통령 국회의원 훌륭한 줄 알다가
도둑 사기꾼인 줄 알게 되고
세계 역사 영웅들이 훌륭한 줄 알다가
살인 약탈자들인 걸 알게 되고
그리스 로마 훌륭한 문명인 줄 알다가
갈라져 사악한 야만임을 알게 되고
이승에 인연도 진리도 노을로 타는
해처럼 빛나는 그 사랑을 보네

신에 대한 명상

신은 무엇으로 오는가
바람으로 온다, 비로 온다
구름으로 온다

신의 뜻은 무엇으로 오는가
내 효심으로 온다
의심과 불신으로 온다
사랑으로 온다

신은 너의 우정으로 오고
그대의 사랑으로 오고
그의 탐욕으로 오고
그녀의 무심함으로 온다

오늘 만나는 당신은 나의 신
나는 당신의 신
모든 것이 나의 신
나는 모두의 신

눈이 꾸짖다

그예 갔구나 꽃 좋은 봄에
나아졌다는 세상을 등지고
악의 없는 미소와
술로는 끝내 덜지 못한
세상의 무게를 남기고

나쁜 마음 못먹는 선량한 친구들
코흘리며 일자 놀던 반 세기 전 동무들
독하지 못하면 버티지 못하는가
맑은 친구만 차례로 가는구나

의지할 친구도 같이 놀 친구도
못 되면서
척하며 살아가는 무정한 동물을
가지 꺾는 돌풍과 4월의 눈발로
하늘은 꾸짖고 있구나

꽃내고 잎내며 하루하루
생명의 색이 칠해지는 계절에
불탄 가루 되어 흩뿌려질
열심과 성실과 정직의 삶

사랑의 분단선

손을 잡는 순간 모든 게 달라져요
선을 넘어선 새로운 세계
그저 바라다 볼 뿐
손끝 스침도 조심스러워

그리움이 쌓이어
무너질 때까지 기다려요
얼굴만 바라봐요 말은 가슴에 묻고
마음의 손만 잡으며 영원을 기약해

얼굴 너무 눈부셔 때론 시선 돌리며
분단의 선을 넘지 않을래
거기 거기서 멈춰요

장미를 보내며

봉오리 탐스러울 때 네 곁에서
꺾지도 만지지도 않았지만
바람 타고 퍼지는 진한 향기 맡았네
윤기 빠져 펑퍼지고 색 바래가는 장미여
그 향기에 취한 몽환의 기억은 끝내 못잊으리

욕망의 책임비서

배고프고 아프고 졸리고 추울 때
이성에 대한 욕구가 쌓일 때
어떻게든 해결해 주고

왜 사는가 어떻게 살 것인가
세상은 어떤 곳인가 물을 때
얼기설기라도 답을 주는

너는 참 바쁜 뇌
의식이 머무는 곳

높은 곳에서 결정하는 것 같지만
식욕 성욕의 책임비서
옆지기의 의문을 달래야 하는 봉사자

사람 몸 없는 사람 뇌
기계에 이식되어 영원히 사는 의식
그건 몸의 욕망에 대한
너의 뚝딱뚱땅한 대답이 아니냐

다르리라

달라서 좋고
달라서 싫다
다르니 끌리고
다르니 멀리한다

다르고
다르리라
달라서 좋은 지점까지
다르니 끌리는 경계까지

가뭄 산행

목이 타는 절정에서
까마귀가 크게 울었다

암벽 위의 갈색 눈물 자국은
폭포를 그리워하고 있었다

골짜기 물소리는 땅속으로 숨어
오르고 또 오르려는 이에게
힘이 되지 못했다

내려올수록 조금씩 보이는 물
산 냇물로 목을 적시고
징검다리에서 발목을 담그니
몸이 둥둥 날았다

생명을 시험하는 마른 날
땀 흐르는 산행의 맛

찾는 일

집과 차와 사무실을 오가며
서랍을 여닫고 가방을 쏟았다 집어넣고
주머니를 꺼냈다 넣으며
과거의 일들 흔적들과 만난다

목적이 뚜렷한 기억의 여행을 하면서
거기에서 나를 만난다
뒤집혀진 공간이 정리되며
마침내 나를 찾는다

가을의 초상

네 차례가 멀지 않다는 소식
자주 듣는 계절
비추어 헤아려 보면, 지난날의
얼추 절반 남았나

별 하나만 바라보면
보석 하나 찾아낼 수도 있을 시간
하늘을 둘러보지만
어느 별도 점점 흐려지는 눈

사죄

무릎을 꿇고 사죄할 일이다
모두 함께 드러내놓고

소유하고 정복할
대상으로 여겼음에 대하여
부모 자녀를 인질삼아 잔인했고
명예와 성공을 명분삼아
무책임했음에 대하여

정도의 차이가 있을 뿐
그 견고하게 다져진 성벽에 기대어
누리지 않은 자 누가 있었을까
한없는 괴로운 인내와 용서를 딛고
서 있지 않은 이 누구일까

이제 인고의 시간을 보냈던 이들이
세상의 공기를 마시며 날 수 있게
엎드려 무릎을 꿇고 받쳐줄 일이다

쓰고 고통스럽더라도 참으며
수백 번 용서하며 용서를 빌 일이다

제3부

이브

마엄

'엄마'라고
부른 적 없지만
네게서 엄마를 느껴
마엄 써 주심에서

웃으며 '누나'라고
한 적 있지만
네 얼굴엔 엄마가 계셔
큼직한 눈과 코
숱 적은 머리카락으로

엄마가 보내 준
고마운 사람에서
점점 엄마 자신이 된다

넌
정말
인가한
엄마
다

회궁回宮

찾고 찾으면 길이 있을까
하늘이 처음 열렸던 그날로 가는 길
천상의 사람 된, 품 넓은
엄마에게 돌아가는 길.

'엄마'라고 부르면
자궁에서 나온 내가
다시 그곳으로 돌아가도록
하늘 길이 열릴까.

따뜻하고 황홀한 길
온전히 품어 주는 길
하늘의 길
엄마의 궁宮.

섬마을 소년에게

소년이여, 폭파하라
팔뚝으로 댐 붕괴를 막은
네덜란드 소년처럼
그대의 두 손으로 댐을
부수어 버려라

수십년간 고여 있는 물
가끔씩 폭우로 겨우
목숨줄은 끊어지지 않은 못
자연으로 흐르게 하여
옛날 영화를 되돌리게 하라

삐걱거리는 전통의 건물
역사가 배어 있다는 목조건물이 싫어
학교를 불태워 버린 전설의 학생처럼
흐르는 물 막아 버린
저 콘크리트를 폭파시켜 버려라

어린 노동자들도 떠나고
공사 기술자들도 떠났다
혹은 살아서 혹은 죽어서
혹은 병신이 되어
물막은 그들은 떠나고
우리는 물속에 갇혀서
절뚝이며 뱅뱅 돌고 있다
호암지 공원 돌고 대가미 공원 돌고
고인 물에 유람선 돌 듯이
뱅뱅 그 안에서 돌고 있다
열린 곳 없이 닫힌 곳에서
강이다가 연못이 되어버린 곳에서
갇혀 버린 물 속에서
삼면 바다 한 면 철책선
사면이 갇힌 섬 속에서

처자식 직장상사 어른들은 못한다
가진 게 많아 잃을 게 많아

눈치 보며 벌벌 발발
술자리에서만 잘 나갈 뿐
알코올이 큰소리 뻥뻥 열 올릴 뿐

폭파하라 부숴버려라
소년 그대가 아니면 못한다
막아 놓고 가둬 놓고
누릴 것 누리는 저들은 못한다
배에 기름기 끼고 몸이 무거워 못한다

부모가 못하면 자식이 하는 것
부모가 갇혔으면 자식이 구하는 것
소년아 나서라 영웅으로 전설로
고인 물 갇힌 댐 폭파해 부수어
물이 갈 길 가게 하라
물고기들이 태평양으로 북해로
마음껏 헤엄치고 모험하게 하라

가을 3

한 나무에 초록과 노랑
주황 붉은 색이 같이 있네

그게 참 좋아

꼭대기 붉은 빛부터
밑둥 기슭 연두 빛까지
여러 색의 나무가 한 산에 같이 있네

어우러짐이 눈부셔

햇살에 드러난 신의 그림을 보면서
산과 나무들 사이에서
찬미의 낮술을 마시고 싶다

한 잎에 검정, 갈색
황토, 선홍이 함께 있네

하나 2

거짓이 판칠 수밖에 없고
욕지거리가 절로 나올 수밖에 없는
신이 주신 땅에 금 긋고
니 땅 내 땅 하는 세상

정직한 이를 좀처럼 찾을 수 없다
노래한 Honesty는
갈라져 서로 나누지 않는
이 세상의 자화상이다

여기선 진실을 흐리고
거짓으로 차지함을 능력이라 부르니
신과 진실한 삶을 찾는 이에게
이 세상은 합당치 않다

아담과 이브 2

이브가 먹은 건 생명과가 아니었을까.
먹으면 영원한 몸을 잊고
죽는 몸 갖게 되는
그리하여 쾌락 위해 온갖 탐욕 다 부리게 만드는

아담이 선악과를 먹어서 신처럼 선악을 안다면
그토록 선악을 잊고 살 수 있을까.
구분 못하고 살 수 있을까.
나누고 비우는 사랑 하지 않을 수 있을까.

역사는 있었던 사실 그대로가 아니라
승리한 그의 이야기
창세의 이야기도 탐욕의 승리자들
죽는 몸 받고 영원한 몸 못 보게 된
선악 잃은 그들의 이야기가 아닐까.

청정 수달 친구 달래에게 1

탄금이는 달래를 기다려
저 먼 곳에서부터 굽이굽이 달려오는 너를
고개를 쑥 내밀고 기다려
큰 문 같은 언덕 위에서 기다려
이제야 지쳐 여기 온 달래야
여기서 오래 맴돌다 가
이곳에 오래 머물다 가
아니 어디 가지 말고
큰 문 언덕에서 같이 놀자
용들 화내지 않게만 조심하면서
저기 멋진 칠층탑까지 헤엄치면서

님

너의 그림자들 속에서
너를 본다

나무도 돌도 새도
너의 그림자

생겨났다 사라지며
얼굴을 계속 바꾸는 너

너의 그림자인 내 춤도
너의 춤사위에 따른다

쓰레기 무덤

내가 지나간 곳엔 쓰레기다
지저분하고 어지럽다
발디딜 틈이 없이 차오른다
한 번 사용하고 버리라 하는
비닐 봉지 플라스틱 용기 페트병
박스와 비닐 가방 종이 가방

버리기 아까워 죄짓는 것 같아
두다 보면 한 방 가득
며칠이면 한 집 가득
이게 뭐하는 짓인지
인간들이 지구에 뭐하고 있는 건지
일자리를 내세우며 경제를 앞세우며

곧 쓰레기를 버리기로 한다
죄책감을 버리기로 한다
양심 없는 쓰레기가 되기로 한다
몇 번이나 쓸 일회용품들에 가차 없기로 한다

안 그러면 내가 금방 묻힐 사회
그러다가 곧 다 죽을 쓰레기 사회

하얀 단풍 2

 늑대의 살기를 느낀 사슴처럼 신호를 무시하고 차도로 뛰어들어 반대쪽 문이 잠겨 있는 줄도 모르고 막혀 있는 건물로 뛰어들어가 몸을 숨긴 것은 두려워서일까 몸서리치도록 싫어서일까 어쩌다 마주칠 수 있는 이곳에 사는 것이 죄를 짓는 오물 묻은 짐승 같아 참담하기도 미안하기도 하였던 그 어느 날 이후 다시 차들이 성난 물처럼 흐르는 차도 옆 그 섬에 서 있거나 뚝방을 걷는 모습은 예전처럼 멋지던 그 나무 위의 하얀 단풍.

하느님 때리기

너는 나의 하느님
참 불쌍하기에
도움이 필요하기에
상처 많은 영혼이기에
난 너를 지켜야 해
돕고 보듬어야 해

하느님 나의 하느님
상처에 상처를 더하는
도움이 짐이 되는
동정이 모멸이 되는
지킴이 속박이 되는
나를 어찌 하나요

가난하고 아픈 이웃인 너
나의 하느님인 너
오늘도 사랑한다며
채찍을 휘두르는구나

내 멋대로 구는구나
통속한 나를 위하여

내 이웃 나의 하느님
나를 용서하소서

나비와 나

나비, 바람 논다

부는 바람을 타고
제 날갯짓이 부르는 바람 따라
흐른다

직선으로 못 날고
이리 펄럭 저리 펄럭 난다

춤을 추고
널을 뛰듯 논다

저 나비 바람 놀 듯
나는 신의 입김에
내 말과 몸짓의 파동에
사방팔방
흔들리며 간다.

나무의 마음

바람이 보일 만큼 세다
공원 나무들이
정물에서 동물로
깨어 나와 춤춘다

휘청인다 몸부림친다
쓰러지지 않으려고
떨어지지 않으려고
뿌리 가지 잎들이
초긴장 용을 쓴다
나무는 힘들어서 바람이 싫을까

먼지를 떨어 주고
벌레알도 날려 주고
근육도 키워 주니
나무는 바람과 놀며 즐길까

실내에서 바라보는 나는
그 생동이 보기 좋다 신난다
마음 뒤흔들어 줄 큰 바람
널 기다리는 걸까

훈련

담장 안에서 밖으로 걸쳐져
풍성하게 피어 있는 장미
누구의 작품이런가

담장 안에 인기척 있어도
오늘 기어이 한 송이 꺾음은
무엇 때문이런가

덜 진화된 벌레

햇볕 강한 오늘따라
가로수 그늘을 따라 걷고 싶다
이 도시는 무척 오랜 역사가 깃든 곳
허나 무척 크고 풍성한 가로수는 잘려져
시원한 그늘 길 어디 하나 없으니
뜨거운 여름 피난처 없는 거리에서
진화가 덜 된 병든 벌레가 되어
애완견보다 못한 병든 처지로
흐물쩍흐물쩍 기는 수밖에
뼈도 없는 몸으로 흐물쩍흐물쩍

나무 베고 전등 꽂은 그들은 말하겠지
'그렇다면 성공'

장미의 가을

유월의 태양이 여름의 시작을 알릴 때
우리의 생은 가을로 간다

붉디붉은 선홍색으로 봄 끝에 나왔다가
열기와 비바람에 보랏빛 회색 단풍이 든다

탄탄하던 봉오리가 흐들거리는 꽃잎 되었어도
우리는 추락할 때까지 단장을 멈추지 않는다

그런 우리를 멈추어 바라보는 너도
우리와 함께 여름을 맞는 가을 단풍이구나

고이고이

강이 막혀 호수 되어
멈춰버린 시간
안에서만 맴돌며
고이고이 고이었다

태풍이 오지 않고
홍수도 나지 않아
또아리를 틀면서
고이고이 고이었다

태풍이 온다는데
바람은 오지 않고
끈적한 먹구름 왔는데
좀체 비는 내리지 않고

사방 산에 막힌 마을
콘크리트에 물길 멈춘 강

뒤집히지도 않고
흐르지도 않고

물

당신은 나를 낳았고
키우고 살린다
소리로 평안하게 하고
생각 깊게 한다
뭉쳐진 푸르름으로
헤엄치게 하고
환하게 만드는, 당신은
나의 보금자리

나 3

너를 보고 너를 듣고
너에게 기대고 너와 싸운다
너를 좋아하고 너를 싫어하고
너를 돕고 너를 해한다
나의 일부인 너, 너의 일부인 나
너는 내가 되고
나는 네게로 가 네가 된다
너는 나다

식사 2

우리 이렇게 만나는 거
쉽지 않은 일
기쁘게 뜨겁게 하나가 되자

너는 내게로 오고
나는 네게로 가고
그래서 불타는 사랑이 되자

나홀로 보석방

새벽 세 시
잠이 안와 보석방에 들어 왔다
사람이 없으니 신경이 평안하구나
화려한 보석들이 방에 가득하다
에메랄드 비취 백옥 자수정
천정에 보석으로 연꽃을 새겼을 정도니
가끔씩 오는 보석방이
보석에 무심한 이유일까
가지고 온 수첩과 볼펜으로
보석같은 생각 단편을 적는다
잊기 전에 정리해 둔다
이마에서 물방울이 우두두
수첩으로 떨어진다.
막혔던 코가 뚫린다
잠시 친하려던
감기가 떠나시려나
보석방을 나가야겠다
가져갈 수 있는 것만 들고

그림을 시작하며

그리겠소 님을
님부터 그리겠소
열 번 스무 번 마음에 찰 때까지
백 번이라 천 번이라도 그리겠소

내 좋은 것은 그림이 아니라오
님이라오
그리며 생각하고
또 생각하고
몸이 부풀어 가슴뼈가 뻐근하오

심장이 잦게 뛰오
입술이며 가슴선이며
허리 따라 내려 와
그 몸을 그려 갈 때
산에 오르듯 뜀을 뛰듯
숨이 가빠지오

삶이 무엇이오 생긴 대로 사는 거
될 대로 되는 거
나는 그대를 그리며
생각하며 천 번 만 번
가슴 벅차게 살려오

대기 성분의 발견

겸손한 듯 내가 부족해서다
당신의 행복을 위해서라고 말해도
모두 니가 잘못하고 못나서라고
탓을 하며 비난을 해도
다 나 살기 위해서가 아닌가
생존을 위한 자기합리화리라

당신의 행복을 위해 죽지는 않겠다
그 정도 사랑은 아니다
당신이 떠나도 죽지 않는다
로미오 줄리엣이 될 수는 없다
그런 뜻이리라

둘러대기 그럴 듯한 거짓말은
우리 삶을 겹겹이 감고 있는 솜이불
실수의 넘어짐을 되튕기는 용수철
자책의 심연에 스며드는 빛
산소 질소와 함께 매일 숨쉬는 공기

하여
이왕이면 멋지게
고상하게 호흡할 기회는 있으리라

늦가을

노랗게 물든 잎은 개나리
연두색 단풍은 새돋는 싹잎들

노년이 유년을 닮았듯이
스쳐가는 가을이 봄 같다

다시 설레고 싶은
수수하게 예쁜 당신

■ 최영일 시인의 시 세계

젊고 낯설고 새로운 문제적 화두

유한근
문학평론가 · 전 SCAU 교수

　최영일 시인을 계간문예지 《인간과문학》에 신인추천하면서 필자는 이렇게 말한 바 있다. "최영일 시는 배운 시가 아니다. 시학, 시창작론에 맞추어 혹은 그것을 학습하여 쓴 시가 아니다. 세상을 살아오면서 혹은 교과서에서 접했던 시라는 예술 장르를 통해서 자연스럽게 습득된 시의 마음이다. 그는 그 시심詩心으로 자유롭게 노래한다"고 그의 시세계의 일단을 일별한 적이 있다. 이를 뒷받침하는 시로 〈즉흥시〉를 들어 설명했다. "그래서 나는 노래 하고 싶네/지금 이 순간을/지금의 상황과 느낌을/교과서에서 배운 시를 외우기 보다/(…)/나오는 대로 흐르는 대로/이 자리에서 생겨났다 사라지는/파동으로 읊조리고 싶네"를 인용하면서, 그의 기존의 시 문법을 일탈하는 창작 의식과 '파동'이라는 시어에 함유된 시적 떨림 혹은 영혼의 전율 그 가능성을 예고했다.

이에 따라 이제 그의 시 비밀을 탐색해야 할 것이다. 그리고 "그의 시 전편을 관통하는 흐름은 인간과 세상에 저항하는 새로운 시각이다. 그것을 시의 표현 구조인 아이러니로 표현한다. 기존시의 표현구조가 은유와 상징이라 할 때, 흔히들 이 표현구조를 현대 젊은 시인들의 트랜드화된 표현구조라고 말하지만, 최영일 시의 아이러니는 언어 트릭적인 말장난이 아닌 비판적인 Sarcasm(비꼼), Peripoteia(뒤바뀜) 또는 자기비하 등의 방식"이라고도 그의 5편의 시를 일별하면서 심사평을 쓴 바 있다.

그리고 이제 그의 첫 시집 《아담과 이브》를 정독하면서도 필자는 최영일 시에 대한 초기 판단을 수정할 마음은 없다. 다만 새로운 시 세계의 한 영역을 발견할 수 있었다. 그 세계는 그의 자유로운 영혼과 연결된 불가시적인 신비의 세계이며 영적 혹은 영성적인 세계이기 때문에 경외로울 뿐이다. 이 점을 전제하며 그의 시 속으로 들어간다.

1. 아이러니의 실체

한 권의 시집 속에는 시인의 시세계가 집약적으로 있든 아니면 산재되어 있든 또는 노출되어 있든 은폐되든 어딘가에 존재한다. 그래서 적어도 한 권의 시집을 읽어야 그 시인의 시세계를 알 수 있다.

최영일 시 〈나의 시〉에서는 시인의 시세계, 그 일단一端을 가늠할 수 있다. 그 일단을 그는 이렇게 진솔하게 노래한다. "내가 읽기 위해/아니 나조차 기억하지 않기 위해/켜켜이 쌓인 비명과 땀방울 위에/단어와 개념의 작란作亂유희//문명 기술 발전의 이름으로/파헤쳐져 끌려 나온 주검의 풍요를 누리며/모두에게 모든 것에/미안하다."(〈나의 시〉 전문)라고. 이 시에서 주목되는 키워드는 "켜켜이 쌓인 비명과 땀방울"과 "단어와 개념의 작란作亂유희"와 "주검의 풍요"이다. 그것은 이 시어 속에 시인의 시에 대한 견해가 있기 때문이다. 최영일 시인은 시를 '비명과 땀방울'이라는 언어 속에 함유된 인간의 삶에 대한 절망과 고통, 그리고 노동의 가치를 언어유희의 개념과 표현구조로 표현하며, 고도의 문명·문화인 문학이라는 장르로 역설적인 '주검의 풍요'로 노래하는 시인으로 남고 싶고, 그래서 '미안하다'는 자기 비하로 자기 자신을 진솔하게 노래한다. 앞서 언급한 대로 다분히 아이러니적인 시이다.

아이러니 표현구조는 의도적으로 무지함을 가장하여 상대방을 점차 모순으로 빠져들게 하여 독자 스스로 무지를 깨닫게 하는 표현구조이다. 자신을 비아냥거리고 자조하여 은폐함으로써 무거움을 가볍게 하는 방법을 취한다. 소크라테스적 아이러니 방법보다는 언어적 아이러니 방식, 혹은 구조적인 아이러니보다는 언어적 아이러니로 진의와는 반대되는 언어를 가장하면서 오히려 비난이나 부정적 의미를 신랄하게 나타내려고 언어 트릭을 사용하는 것이 최영일 아이러니 시의 특성이다.

    중경이 될 것이라
    가운데 중 中京
    나라의 중심일 뿐 아니라
    세계의 中心

    동쪽에 東京이 있고
    북쪽에 北京이 있잖은가
    남쪽엔 南京이 있고
    여기는 중심에 있어 中京
    예전엔 中原京이었던 적 있었지?

    옛적 水運의 중심으로
    번창한 적 있었지?
    지금은 오래 정체되어 있어
    그래서 다시 번창할 거야

세계의 중심 中京으로
주역에 그렇게 나와 있어

내가 그 사람 無所終也라 했지?
임기를 못채운다고
내 말이 맞았잖아 주역에 나와 있어
내 말을 믿어 응 두고 봐
— 〈李선생님의 천기누설〉 전문

위의 시 〈李선생님의 천기누설〉은 비시적非詩的인 모티프를 시로 형상화한 특별한 시이다. 이 시의 제목 '李선생님의 천기누설'이 시사하는 바, '李선생님'이라는 특정한 인물을 모티프로 한 시이다. 그 사람을 시인은 위의 시에서 "無所終也라 했지?/임기를 못채운다고" 한 인물이다. 끝나는 일이 없다는 의미는 무한한 가능성이 있다는 의미와 다르지 않다, 그런 인물의 천기누설이라는 제목의 이 시는 기존의 시와는 차별성이 있다. 그래서 주목된다.

이 시에서 주목되는 시어이며 키워드는 '中京'이다. 이 시어는 '나라의 중심', '세계의 中心' 혹은 '中原京'라 불리는, "옛적 水運의 중심으로 번창한" 충주 지역을 의미한다. 이렇게 최영일 시인은 자신의 원체험 공간인 충주를 세계의 중심으로, 한국의 중심으로 인식한다. 이는 자신을 세계의 중심으로 인식하는 시인의 마음이다. 그리고 확대해석하면 원시불교의 사상과 맞닿는다. 데카르트의 자아중심주의

(egocentrism) 사상이 아닌 만유불성萬有佛性, 혹은 진여불성眞如佛性, 깨달으면 만물이 부처가 될 수 있다는 사상과 다름이 없다.

최영일 시인은 이 시에서 '李선생님의 천기누설'보다는 '中京'이라는 키워드를 통해서 세상의 중심에 있는 사람의 존재와 자아의 정체성을 환기하려는 의도로 보인다.

> 너를 보고 너를 듣고
> 너에게 기대고 너와 싸운다
> 너를 좋아하고 너를 싫어하고
> 너를 돕고 너를 해한다
> 나의 일부인 너, 너의 일부인 나
> 너는 내가 되고
> 나는 네게로 가 네가 된다
> 너는 나다
>
> — 시 〈나 3〉 전문

위의 연작시의 하나인 〈나 3〉에의 중심 시행은 결말 부분 3행인 "너는 내가 되고/나는 네게로 가 네가 된다/너는 나다"이다. 이 시행의 의미는 주체와 객체의 유일화唯一化이다. 합일은 두 개 이상이 합쳐져도 그 합친 흔적이 남는 것을 의미하고, 유일은 그 합침의 흔적이 없는 완전 융화를 말한다. 여기에서의 유일은 본체와 대상의 유일화이다. '나'가 주체일 때 '너'는 그것이 무엇이든 객체이다. 전자가 정신이고 후자가 육체라 해도, 전자가 자아이고 후자가 타자이라 해도 자타여일自他如一을 의미한다. 위의 시의 서두가 '나'와 '너'가 하나가 아닌 둘로 시작되었지만, 결말에 이르러 "너는 나다"라는 유일을 지향하고 있는 것이다, "너는 나다"는 하나라는 의미이다.

이러한 인식이 되기 위해 시 〈나 2〉는 존재한다. 이 시는 "너는 나다"라는 결론이 이르는 과정에 존재한다.

   나를 보내고 나를 맞는다

   문자로 게시글로 사진으로 전화로
   정액으로 똥으로 오줌으로
   법정에서 변론으로
   시시때때 상담으로
   운전으로 글쓰기로 나를 보낸다

   나를 맞는다
   닭살로 사과로 참외로
   김치로 시금치로 순두부로
   전화로 만남으로 글로 동영상으로
   법원의 판결로 검사의 구형으로

   밤마다 나를 보내고
   아침마다 나를 맞는다

                           - 〈나 2〉 전문

시적 자아인 최영일 시인은 위의 시를 통해서 보아도 법조인이다. 변호사이다. 그리고 시인이기도 하다. "법정에서 변론으로/시시때때 상담으로/운전으로 글쓰기로 나를 보낸다"와 "전화로 만남으로 글로 동영상으로/법원의 판결로 검사의 구형으로"로 보면 그의 직업을 알 수 있다.

그러나 이 시의 표현구조를 보면, 시인은 자신이 무엇이든 시어를 통해, 시의 톤(tone)으로 그리고 메시지를 통해 비하한다. 아이러니 표현구조를 시인은 차용한다. Sarcasm(비꼼)한다. 자기 자신을 비아냥거린다. 이를 기지機知(wit)로, 가벼운 풍자와 유머로 볼 수도 있다.

아이러니 표현구조는 미국의 상당수 신비평가들도 문학적 가치를 판단하는 일반적인 기준 척도로 사용한다. 그것은 어떤 한 가지 경험을 다루면서 '가능성이 있는 또 다른 경험'이 있다는 것을 인정함을 의미하는 '내적인 균형'이기 때문이라고 그들은 말한다. I. A. 리처즈는 아이러니를 '대립물의 평균'이라고 정의한다. 그리고 아이러니 그 자체가 현실적인 시의 특징이 된다고도 말하고 있는데, 이 견해는 위의 시에서 볼 수 있듯이 설득력이 강한 표현구조이다. 그런 점에서 최영일의 이 시는 어떤 시보다도 낯설어도 젊다.

2. 범신론적 영성(spirituality)

앞서 최영일 시에서 나타난 불교적 인식을 잠깐 탐색한 바 있다. 이 시집의 표제시인 〈아담과 이브〉는 구약에서 보듯이, 우리 모두가 알고 있는 남성의 표상적 존재인 '아담'과 여성의 표상적 존재인 '이브'가 살았던 인간의 원형적 공간인 파라다이스를 환기하는 시로 보인다.

> 이브, 낙원은 어디리오
> 욕심이 떠난 곳
> 하나됨을 그리는 곳
> 나눔을 갈망하는 곳
> 거기가 어디든 낙원이려오
>
> 아담, 천국은 누가 만드리오
> 비우고 탐하지 않는 이
> 하나됨을 열망하는 이
> 주는 사랑을 하는 이
> 그이가 계신 곳 천국이려오
>
>   - 시 〈아담과 이브 1〉 전문

이 시의 1연은 아담의 노래이고, 2연은 이브의 노래이다. 전자는 "낙원은 어디"있는가를 묻는 것으로 시작하지만, 후자는 "천국은 누가 만드"는가를 화두로 한 시이다. 그리고 천국은 "욕심이 떠난 곳/하나됨을 그리는 곳/나눔을 갈망하는

곳"임을, 그리고 후자의 답으로는 "비우고 탐하지 않는 이/하나됨을 열망하는 이/주는 사랑을 하는 이/그이가 계신 곳"이라 대답한다. 다분히 기독교적이다.

 그러나 시 〈신에 대한 명상〉을 읽으면 그의 시는 범신론적인 사유로 쓰여졌음을 알게 된다. "신은 무엇으로 오는가"로 서두를 시작한 이 시는 "바람으로 온다, 비로 온다/구름으로 온다"는 자연친화사상으로 혹은 도교적인 인식으로 답한다. 그리고 2연의 "신의 뜻은 무엇으로 오는가"라는 화두에 대해서는 "내 효심으로 온다/의심과 불신으로 온다/사랑으로 온다//신은 너의 우정으로 오고/그대의 사랑으로 오고/그의 탐욕으로 오고/그녀의 무심함으로 온다"고 기독교적인 사상과 유교적인 사상으로 대답한다. 그리고 마지막 연에서는 "오늘 만나는 당신은 나의 신/나는 당신의 신/모든 것이 나의 신/나는 모두의 신"(시 〈신에 대한 명상〉 전문)는 다분히 불교적인 인식이다. 이런 점에서 이 시는 시인의 신앙과는 무관계하게 유신론적이며 범신론적인 인식에서 쓰여진 시로 보인다.

  다시 티벳 라싸를 다녀오면
  드넓은 나무추오 호수 될 수 있을까

  60시간 동안 낡은 기름 냄새
  침대버스를 타고
  고산병 멀미 두통에 눈물콧물 다 흘렸던,
  잘 대해주지 못한 일들 절로 참회되던

서안에서 라싸까지의 옛길
한여름 장안에서 반팔 반바지
함박눈 펄펄 한겨울이다가
유채꽃밭을 만났던 그 먼 길을
되짚어 가면

말하지 않을 수 있을까
그곳 언덕 흰 산양들 아름다운 평화처럼

아니 아니 또 화내겠지
침묵하지 않겠지
조캉사원에 눌러 앉아 경을 읽고
오체투지 구도를 하지 않는 한

억울한 욕도 듣겠지
포탈라궁 화려한 부처처럼
가부좌를 틀고 들어앉았지 않는 한

언덕 아래에서 살아가는 한
일을 하는 한

― 〈일을 하는 한〉 전문

  이 시는 티벳 여행의 체험을 모티프로 한 기행시이다. '서안에서 라싸까지의 옛길'을 여행하며 사유하면서 시인은 "드넓은 나무추오 호수 될 수 있을까"를 의혹한다. 그리고 60시간 침대버스를 타고 고산병을 앓고 참회를 하면서, 또한 봄,

여름, 겨울의 계절 정취를 체험하면서 "언덕 흰 산양들"처럼 나도 "아름다운 평화처럼/말하지 않을 수 있을까"를 회의한다. 그 의혹과 회의에 대한 대답으로 시인은 이 시에서 분노 소멸과 묵언 수행, 그리고 오체투지의 구도를 생각한다. 그리고 결말 부분에 이르러 "억울한 욕도 듣겠지/포탈라궁 화려한 부처처럼/가부좌를 틀고 들어 앉았지 않는 한//언덕 아래에서 살아가는 한/일을 하는 한", 그것에 대한 깨달음을 얻을 수 없다고 사유하고 노래한다,

  이 시의 공간적 배경이 티벳이기 때문에 자연친화사상과 다분히 불교적인 인식 과정의 시임을 쉽게 알 수 있을 것이다. 한영 혼합시 〈단풍을 가다리며〉도 자연친화사상의 시라는 점에서 이와 같다. "하늘에서 떨어지는 빗방울을/누가 멈출 수 있을까(…)/Begees 노래 가사처럼//(…)/역사의 수레바퀴는 자연의 수레바퀴/(…)//어떤 이는 하느님께 빌고/다른 이는 하나님께 빌고/어떤 이는 비신님께 빌고/다른 이는 빈대떡 주님에 비네//바다 밑 땅속에서/끓고 있는 마그마를 누가/멈출 수 있을까 /화산이 폭발하고 과음해 괴로운 듯/토해내는 시뻘건 용암 분출을/누가 막을 수 있을까//the process of natural history/불타는 꽃단풍을 기다리며/바람에 나를 맡긴다"라고 노래하면서, 바람에 시적 자아인 자신을 맡기는 시인의 마음을 읽을 수 있었다.

    백일기도를 다닐 생각이 드니

말복 전이라도 가을 기운이라
나의 없는 듯한 살음도
여름 지나 가을인 듯

작은 절에서 나긴 했으되
부처를 찾으려는 건 아니어라
봉우리에 송전탑 섰어도
여전히 골 깊은 그 산의 주인
산신령을 만나려면 백일은 소요되리

햇수 알 수 없는 산묘
어디 정상에만 있으랴
산성 기슭 암벽 아래 달래강
피와 살이 스며든
거대한 천년 무덤 생명의 터

산신령을 만나려 헤매다가
기도하다가
임도령 찾아 온 용왕 딸을 만나면
이 몸이 임도령이라
우겨 봄이 어떠하리

− 〈산 그리움〉 전문

이 시 〈산 그리움〉은 복합적인 한국인의 신앙구조가 반영된 한민족의 영성적 시이다. 이 시에는 우리의 불교적인 사상과 도교 사상, 그리고 전통적인 유교사상이 혼합적으로 섞인 한민족 영적인 시이다.

　인도 원시불교는 경전 불교인 중국을 거쳐 한국으로 이입되면서 토속신앙과 결합되어 기복신앙으로 변질된다. 그 과정에서 산신령을 모신 삼신각 혹은 삼신전이 생기게 되어 한편에 도교 사상을 받아들이게 되었고, 한국의 전통 장례문화의 제사와 매장문화까지도 수용하게 되었다. 이를 이 시 〈산 그리움〉은 '산'이라는 모티프로 관통시켜 일관성을 유지하면서 결말 부분에 이르러서는 "임도령 찾아 온 용왕 딸을 만나면/이 몸이 임도령이라/우겨 봄이 어떠하리"라고 바다 이미지로 마무리한다.

　산의 이미지는 남성적이다. 이에 반해 바다는 여성적이다. 산이 남성인 것은 비·바람에 흙과 자갈과 나무와 풀들이 깎여 흘려 내리면, 모든 것을 포용하는 어머니 같은 강과 바다가 그것들을 받아주니까 강과 바다는 여성 이미지이고, 산은 남성 이미지이다. 시 〈산 그리움〉의 이미지들은 산 이미지이다, 그것들은 작은 산사의 부처, "골 깊은 그 산의 주인"인 산신령 그리고 "햇수 알 수 없는 산묘" "거대한 천년 무덤 생명의 터"로 확대된다. 그 이미지들은 용왕 딸을 찾아 산을 내려온 임도령에게는 그리움의 대상일 것이다. 임도령이 된 시적 자아인 시인은 용왕의 딸을 찾아 산을 내려왔기 때문에 그는 산을 그리워한다. 그래서 '산 그리움'이다.

　평자는 신인추천평에서 이 시를 "아이러니적인 사유과 형

상화된 이미지는 기원하는 인간의 본체를 보여주고 있어 자유로운 영혼에 섬찟하기도 하다."라고 평했지만, 이 시의 시적 이미지가 의미하는 것은 한국인의 사후세계의 집이 산이었음을 환기하는 것이며, 다른 한편으로는 세속인으로 삶을 찾아 산을 내려온 시인은 산으로 혹은 자연으로 귀의하려는 인간의 정체성을 환기해주는 것으로 보인다. 따라서 이 시는 최영일 시인의 범신론적인 영성의 시를 극대화한 시로 보인다.

3. 자연친화와 문제적 화두

최영일 시인의 자연친화적인 시는 위에서 살펴본 시 외에도 곳곳에서 발견된다. "내가 지나간 곳엔 쓰레기다/지저분하고 어지럽다/발디딜 틈이 없이 차오른다"로 시작되는 시〈쓰레기 무덤〉은 제목이 시사하는 바 쓰레기로 넘쳐나는 지구촌에 경고를 주는 시이다. 그리고 "코흘리며 보았던 수많은 별들/언덕 아래 저기 아래 /다 떨어져 있네"로 시작되는 시〈마즈막재 야경〉은 자연친화시로 '별들의 무덤'을 서정적으로 노래한 시이고, "엊그제 가뭄의 목마름만큼/오늘 장맛비는 해갈을 넘어 쏟아지니/그네 앞으로 구른 만큼 /그네 뒤로도 오르는 법칙이런가"로 서두를 시작하는 시〈그네의 법칙〉은 자연 속의 그네라는 존재를 노래한다.

이 세 편의 시를 관통하는 모티프는 자연친화이다. 시 〈쓰레기 무덤〉에서는 지구 환경을 훼손시키는 우리 사회를 반영하는 역사 혹은 사회를 구원하려는 목적시일 수 있지만 자연친화를 근간으로 하는 시이다. 마지막 연인 "곧 쓰레기를 버리기로 한다/죄책감을 버리기로 한다/양심 없는 쓰레기가 되기로 한다/몇 번이나 쓸 일회용품들에 가차 없기로 한다/안 그러면 내가 금방 묻힐 사회/그러다가 곧 다 죽을 쓰레기 사회"라고 노래하는 이 시는 쓰레기가 넘쳐나는 이 사회에 비아냥대는 아이러니 시이다. 하지만 자연을 사랑하는 마음이 행간 속에 녹아난다.

코흘리며 보았던 수많은 별들
언덕 아래 저기 아래
다 떨어져 있네

그때엔 크고 작던 하얀색 별들
지금 저 달내 한강 벌판에 박힌 건
주황 초록 빨강 흰색 별의 별 별

먼 하늘 떨어지며
무슨 일이 있었나
그래도 속살은
사십 년 전처럼 하얬으면 좋겠네

무더기로 쌓인 별들은

별들의 무덤인가
줄지어 빠르게 굴러가는 별들은
땅 위의 유성우인가

깜빡이듯 반짝이며
말 걸어 오는 건
그때나 지금이나 변함이 없네

어둠에 잠겨 커다란 호수 같은
검푸른 안림벌을
나는 듯 헤엄쳐 건너가면
그때 노옾이 높이 까마득해서
어른 되면 긴 사다리 지어
따리라 했던
저 많은 별들을 잡을 수 있겠지

견우와 직녀도 만나고
선녀와 함께 춤도 출 수 있겠지

- 〈마즈막재 야경〉 전문

  마즈막재는 충주시에 소재한 고개로, '한국향토문화전자대전'에 의하면, 그 명칭 유래가 "신라시대에 나무벌[木伐]과 같은 뜻인 깊은나무고개[心木峙]였다. 계명산 옛 이름인 심항산에서 따와 심항현이라 하였고, 심항현의 한자 뜻을 풀어 마수막재라고도 하였는데, 세월이 지나면서 마즈막재로 발음이 바뀌었다"라고 전해진다. 또한 "청풍과 단양의 죄수들이 사형 집행을 받기 위해 충주로 들어오려면 반드시 이 고개를 넘어야 했는데, 이 고개만 넘으면 다시는 살아 돌아갈 수 없어 마지막재가 되었다는 애처로운 전설이 있다. 예전 남산 아래 마즈막재 부근에 사형장이 있었다고" 전해진다.

  이러한 전설 때문에 4연에 "무더기로 쌓인 별들은/별들의 무덤인가"라고 노래하고 있지만, 이 시는 전반적으로 아름답게 노래된 시이다. 야경 묘사를 "그때엔 크고 작던 하얀색 별들/지금 저 달내 한강 벌판에 박힌 건/주황 초록 빨강 흰색 별의 별 별"로 표현하고, "먼 하늘 떨어지며/무슨 일이 있었나/그래도 속살은/사십 년 전처럼 하얬으면 좋겠네"라는 신비주의적인 이미지 발상과 결말 부분에 "그때 노옾이 높이 까마득해서/어른 되면 긴 사다리 지어/따리라 했던/저 많은 별들을 잡을 수 있겠지//견우와 직녀도 만나고/선녀와 함께 춤도 출 수 있겠지"라고, 제재전통적인 시로서의 면모를 갖춘 것으로 보아 이 시는 시인의 고향 사랑 마음이 잘 깃든 시로 보인다.

  시 〈그네의 법칙〉에서 '그네'라는 사물은 자연적이라 할 수 없다. 그럼에도 불구하고 자연친화적인 시로 인식되는 것은 '그네'라는 시적 대상을 의인화로 하여 생명을 부여하고 자연화하고 있다는 점에서이다.

    엊그제 가뭄의 목마름만큼
    오늘 장맛비는 해갈을 넘어 쏟아지니

그네 앞으로 구른 만큼
그네 뒤로도 오르는 법칙이런가

물보라를 일으키며
희뿌연 수증기 안개로
아침부터 저녁까지 바람과 손잡고
비보라 보라 비바람 바람 파도치니

흙은 흠뻑 젖어들며 화답하고
초록 잎새들은 미끈 반들거리며
차례로 몸 흔들어 화답한다

비를 가르고 맞서며
비와 함께
비를 보고 바람을 보며
바람을 듣고 비를 들으며
비를 피하고 비에 젖으며
온종일 비를 느끼며

- 〈그네의 법칙〉 전문

    일반적으로 '그네의 법칙'은 그네 운동에서 작용하는 물리학석 원리인 세 가시 원직이나, ①각운동량 보존법식, ②에너지 보존법칙, ③작용-반작용 법칙을 말한다. 이 법칙들은 자연 환경에서 인공적이지 않을 때 자연스럽게 파생하는 현상으로 인간이 인위적으로 만든 놀이기구이기는 해도 자연물과 다르지 않다. 이에 따라 위의 시 〈그네의 법칙〉이 가능한 것이다.

 해갈해주는 장맛비가 "물보라를 일으키며/희뿌연 수증기 안개로/아침부터 저녁까지 바람과 손잡고/비보라 보라 비바람 바람 파도치니" 흙이 물에 젖어 화답하고, 나뭇잎새가 반들거리며 몸을 흔들며 화답하며, 그네와 시적 자아인 시인은 "비를 보고 바람을 보며/바람을 듣고 비를 들으며/비를 피하고 비에 젖으며/온종일 비를 느끼며" 자연과 함께하고 싶다는 인식이다. 시인은 비와 바람과 하나 되고 싶다는 마음을 그네를 통해서 전언한다.

 최영일 시는 낯설다. 어디에서 본 적이 없는 개성적인 시이다. 그의 시는 한국시의 주제전통이나 서정시의 맥락을 잇고 있는 시가 아니라 다분히 실험적인 시이다. 그것은 시인이 전통서정시에 대한 이단자라는 점이다. 그래서 새롭게 주목하게 된다. 시적 발상은 이단적이라 해도 인간과 삶에 대한 근본적인 문제를 변호사라는 자연인으로서의 인식으로 해결하려 하고 있기 때문이다. 다만 자연친화사상이나 범신론적인 모티프를 독특한 사유로 우리의 삶의 기본문제를 주목하고 그것을 나름의 아이러니 표현구조로 표현하고 있다는 점에서, 그의 시는 젊고 낯설고 새롭다. 그래서 주목하게 된다. 이것이 최영일 시의 문제적인 화두다.

최영일 시집

아담과 이브

인쇄 | 2025년 11월 12일
발행 | 2025년 11월 18일

지은이 | 최 영 일
펴낸이 | 서 정 환
펴낸곳 | 인간과문학사

주 소 | 서울특별시 종로구 삼일대로 30길 21, 종로오피스텔 714호
전 화 | 02)747-5874, 063)275-4000
등 록 | 제300-2013-10호
E-mail | inmun2013@hanmail.net

값 13,000원
ISBN 979-11-6084-266-1 03810

* 저자와 협의하여 인지는 생략합니다.
* 잘못된 책은 바꿔 드립니다.

Printed in KOREA

* 이 책은 충주시, 충주문화관광재단의 후원을 받아 충주문화예술지원사업의 일환으로 발간되었습니다.